W9-BCC-852

LA COCINA FAMILIAR

EN EL ESTADO DE

DURANGO

LA COCINA FAMILIAR

EN EL ESTADO DE

DURANGO

CONACULTA OCEANO

LA COCINA FAMILIAR
EN EL ESTADO DE DURANGO

Primera edición: 1988
Banco Nacional de Crédito Rural, S.N.C.
Realizada con la colaboración del Voluntariado Nacional
y de las Promotoras Voluntarias del Banco Nacional de
Crédito Rural, S.N.C.

Segunda edición: 2001
Editorial Océano de México, S.A. de C.V.

Producción:
Editorial Océano de México, S.A. de C.V.

© Consejo Nacional para la Cultura y las Artes

D.R. ©
Editorial Océano de México, S.A. de C.V.
Eugenio Sue 59
Col. Chapultepec Polanco, C.P. 11500
México, D.F.

ISBN
Océano: 970-651-537-2
               970-651-450-3 (Obra completa)
CONACULTA: 970-18-6833-1
               970-18-5544-2 (Obra completa)

Impreso y hecho en México.

LA COCINA FAMILIAR EN EL ESTADO DE

Durango

PRESENTACIÓN
Presentación

La Comida Familiar Mexicana fue un proyecto de 32 volúmenes que se gestó en la Unidad de Promoción Voluntaria del Banco de Crédito Rural entre 1985 y 1988. Sería imposible mencionar o agradecer aquí a todas las mujeres y hombres del país que contribuyeron con este programa, pero es necesario recordar por lo menos a dos: Patricia Buentello de Gamas y Guadalupe Pérez San Vicente. Esta última escribió en particular el volumen sobre la Ciudad de México como un ensayo teórico sobre la cocina mexicana. Los textos históricos y culinarios, que no las recetas recibidas, varias de ellas firmadas, fueron elaborados por un equipo profesional especialmente contratado para ello y que encabezó Roberto Suárez Argüello.

Posteriormente, hace ya más de seis años, BANRURAL traspasó los derechos de esta obra a favor de CONACULTA con el objeto de poder comercializar el remanente de libros de la primera edición, así como para que se hicieran nuevas ediciones de la misma. Esta ocasión llega ahora al unir esfuerzos CONACULTA con Editorial Océano. El proyecto actual está dirigido tanto a dotar a las bibliotecas públicas de este valioso material, como a su amplia comercialización a un costo accesible. Para ello se ha diseñado una nueva edición que por su carácter sobrio y sencillo ha debido prescindir de algunos anexos de la original, como el del calendario de los principales cultivos del campo mexicano. Se trata, sin duda, de un patrimonio cultural de generaciones que hoy entregamos a la presente al iniciarse el nuevo milenio.

LOS EDITORES

Introducción

Introducción

Fueron tepehuanes los habitantes de las tribus prehispánicas dominantes en el territorio que corresponde actualmente al Estado de Durango. Sus descendientes aún conservan hoy en día cierta identidad cultural en cuanto a lengua y costumbres. Con todo existieron otros grupos importantes antes de la llegada de los españoles a estas tierras norteñas. Los xiximes y los acaxees compartían entonces con las tribus tepehuanas el inhóspito territorio, colindante al norte con los bosques de Chihuahua y al sur con las zonas semidesérticas de Zacatecas. Se dice que las rivalidades entre estas tribus tuvieron como resultado no sólo la guerra sino aun prácticas antropófagas. Sobre todo, entre los xiximes y los acaxees.

A mediados del siglo XVI el noroeste de la Nueva España no había sido explorado. Francisco de Ibarra reconoció la región en 1554 en busca de oro y plata y descubrió yacimientos. Estableció su cuartel general en San Martín, donde fue nombrado gobernador y capitán general en 1562. Un año después fundó la ciudad de Durango –"más allá del agua" en vascuence–, y tomó posesión de muchas tierras para formar la Provincia de la Nueva Vizcaya. Estimuló la agricultura e impuso la paz.

Con la llegada de frailes de diversas órdenes se favoreció el desarrollo. La importación de ganado así como de algunas variedades vegetales que pronto germinaron, dieron origen al primer mestizaje culinario. Conejos, liebres, venados y perros convivieron en las grandes marmitas con el cerdo, la res y el borrego. Con el trigo surgió el pan, cocido en hornos recién instalados en las grandes cocinas de conventos y haciendas, donde indios y españoles intercambiaron experiencias e ingredientes, enriqueciéndose mutuamente.

Los acaxees y los xiximes se rebelaron de 1601 a 1603. La revuelta fue reprimida por el gobernador y el obispo visitador Alonso de la Mota y Escobar. Este admirable religioso, además de apaciguar los ánimos, fundó un par de conventos y un monasterio, anotó la primera descripción en detalle del territorio duranguense y aportó a la cocina varias recetas de dulces almendrados que todavía son famosos en la actualidad.

En 1786 se creó la Intendencia de Durango formada por los que con el tiempo fueron los estados de Chihuahua y Durango, y con sede en este último. Se dotó de tierras a los indios para que fueran cultivadas en comunidad, lo que dio un fecundo resultado. Aprendieron éstos a ser agricultores, utilizaron las yuntas para el arado y sus sistemas de irrigación ancestrales, a base de canales y, en algunos casos, de inundación de bajos. Floreció la alfalfa, el trigo, el algodón. El frijol y el maíz convivieron con las hortalizas y los frutales dividieron con señorío y frescura los campos. Los graneros se llenaron con facilidad y el ganado se multiplicó. Fue en Durango donde se produjo la primera cruza de vaca con búfalo de lo que resultó una nueva especie mayor, más resistente a las inclemencias climáticas y menos brava.

La diputación provincial dirigió los destinos locales en los primeros años de la Independencia. Quizá el más importante hecho registrado fue el proceso y fusilamiento de los sacerdotes compañeros de Hidalgo, que fueron llevados a Durango tras su aprehensión en Acatita de Baján. El general Pedro Celestino Negrete consumó localmente la Independencia en 1821. El Acta Constitutiva de la Federación erigió, en 1824, el Estado Interno del Norte, compuesto por Durango, Chihuahua y Nuevo México. No mucho tiempo después, el 22 de mayo de ese año, se decretó la autonomía del Estado de Durango como una de las entidades integrantes de la Federación. En 1828 se ordenó la expulsión de los españoles, lo que provocó la salida de dinero, el cierre de muchos negocios y el decaimiento de la economía.

A lo largo del siglo XIX, a pesar de la anarquía prevaleciente por la lucha constante entre federalistas y centralistas, las luchas intestinas y las constantes incursiones de apaches y comanches, la miel del maguey endulzaba tamales y la de abeja al pinole; las excelentes carnes se acompañaron de vistosas ensaladas de tomate, quelite, lechuga y hongos; las aves se frieron en mantequilla, se sazonaron con cebolla y ajo y se bañaron con vino almendrado. Pero se siguió deshidratando la carne con objeto de conservarla con mayor facilidad; se deshebraba luego en el metate para comerla. Así surgió la machaca.

La invasión norteamericana de 1846 provocó que el gobierno del centro fijara una contribución al de Durango a fin de sostener los gastos de guerra; también le ordenó formar compañías auxiliares para someter a los bárbaros, pero además lo obligó a proporcionarle mil hombres para combatir al invasor. Por todo ello se aumentaron los impuestos y se suscitó el descontento popular. En esa situación pronto encontraron respuesta los pronunciamientos internos que restauraron el federalismo.

Siguió, años después, la intervención francesa. Recuperada la entidad por el general Silvestre Aranda, al cabo de dos años de ocupación extranjera, la presencia gala brindó al menos algunas sutilezas gastronómicas que se convirtieron en patentes de aristocracia. Las espinacas importadas de Asia a España, por los holandeses, y a México, por los españoles, se convirtieron en soufflé; el mexicanísimo chocolate se hizo mousse y las tortillas, ahora de trigo, se tornaron suaves crepas bañadas de cognac. Se incorporaron los platos fríos, los helados y los licores espirituosos.

Al triunfo de la República gobernó la entidad el licenciado Francisco Gómez Palacio, quien dio sus apellidos a la industriosa ciudad lagunera. Luego, entre la Revuelta de La Noria y el Plan de Tuxtepec no pocos combates y asonadas sacudieron a los duranguenses, mas al fin los gobiernos del propio Gómez Palacio, Juan Manuel Flores y Juan Santa Marina, entre otros, propiciaron que la pujanza local tomara las vías del desarrollo. Logrado el restablecimiento de la paz, se construyó al poco tiempo el Instituto de Niñas –que sería más tarde la Escuela Normal–, se impulsó la educación, el comercio y la industria, se persiguió el bandolerismo, se instaló el servicio telefónico y se establecieron varios bancos y el Nacional Monte de Piedad. Claro que también en

este despertar económico surgieron variados restaurantes, primero como respuesta a la necesidad de brindar alimento a la población flotante y por satisfacer, más tarde, las elegancias de la burguesía porfiriana. Los había en forma de posadas, ubicadas sobre el antiguo camino real, donde los huéspedes comían lo que hubiese; y un par de sitios de mayor distinción, con suculentas recetas "a la francesa" pero que no olvidaban por fortuna ni el buen puchero ni las lentejas con chorizo o los nopales con puerco.

Durante ese tiempo proliferó una especie muy adaptable: el cabrito. No requería de muchos cuidados, comía lo que fuera, no daba trabajos mayores para su pastoreo y su carne era sabrosa. Platillos como el cabrito al horno, a la fritada, en barbacoa y enchilado, se convirtieron en distintivo estatal.

El 20 de noviembre de 1910, de acuerdo con el Plan de San Luis, Durango se levantó en armas y cuando todos los contingentes revolucionarios habían sitiado la plaza, se firmaron los tratados de Ciudad Juárez.

Al ocurrir los acontecimientos de la Decena Trágica, los hermanos Domingo, Mariano, Eduardo y Andrés Arrieta abandonaron la capital duranguense y lograron reunir una fuerza con la que, al volver, derrotaron al cabo a los huertistas. Gobernó entonces el ingeniero Pastor Rouaix. En su periodo emitió billetes en apoyo al constitucionalismo, fabricó parque, reabrió fábricas textiles, expidió la primera Ley Agraria por la cual se concedían ejidos a los pueblos, fundó Villa Madero, "el primer pueblo libre", fomentó la irrigación y el reparto de tierras, y decretó la expropiación de los bienes clericales.

Francisco Villa, aunque nació en Durango, actuó casi siempre fuera del territorio estatal. Sin embargo, los villistas ocuparon la capital en dos ocasiones y mantuvieron, en esos periodos, a dos gobernadores. A ellos siguieron diversos mandatarios. Uno de ellos, Gabriel Gavira, demolió el antiguo Palacio Municipal y un hotel frente a la Catedral para dar amplitud a la Plaza de Armas. Derribó lo que quedaba del Convento de San Francisco y ensanchó varias calles.

Varios grupos nativos del sur del estado, de acuerdo con sus vecinos de Jalisco y Zacatecas, se alzaron en armas en 1927. El Gobierno Federal envió fuerzas suficientes para combatirlos pero poco pudo hacer contra ellos. El movimiento cristero terminó cuando se concertaron los tratados entre el Arzobispo de México y el presidente Portes Gil.

Para este tiempo la historia ya había registrado los varios mestizajes culinarios que se realizaron en Durango. El primero, quizá el principal, fue el de la cocina indígena con la española. Luego, el resultado de éste, con la cocina norteamericana, y después el cruce con la francesa, para surgir la aportación revolucionaria, que hizo aún más fuerte la presencia del maíz, la calabaza, el chile, el atole, el pulque, la tortilla y el mezcal. Renació el comal y la cuchara de madera, volvió el molinillo y todo se transportó en itacate. Sin olvidar, además, los muchos emigrantes –de países lejanos y en épocas distintas– que contribuyeron al producto final. Así se explica la presencia de algunos ingredientes exóticos de ciertos platillos.

A partir de la Revolución el desarrollo de Durango se ha ido logrando con lentitud y firmeza. La industria cinematográfica aprovecha sus magníficos celajes, la diafanidad de su atmósfera y los bellísimos escenarios naturales para proporcionar divisas; una gran cantidad de maquiladoras se ha establecido a lo largo y en las cercanías de la frontera norte; aprovechan la mano de obra y contribuyen a mejorar la economía local y nacional; la producción minera, la forestal, la ganadera y la agrícola han cambiado la fisonomía del estado, el cual ofrece establecimientos turísticos, comerciales y de servicios muy importantes.

No hay que olvidar que el hombre es lo que come. Y si de comer se trata hay que saborear con temperancia un cortadillo norteño o el famoso manchamanteles, debidamente acompañados de delgadísimas tortillas de harina y de salsas cuya variedad es tan grande como la imaginación. En cualquier casa duranguense se le ofrecerá una merienda con bigotes de Pancho, hechos en caliente, bañados con mermelada de piña o de higo, con chocolate en invierno y con leche en verano. Y también de acuerdo a la estación, podrá visitar clubes, restaurantes y casinos, donde lo mismo podrá ordenar vino que cerveza o aguas frescas, los cortes de res y carnero más suculentos que pueda concebir y, por supuesto, el tradicional cabrito frito, el caldillo de Durango, el chicharrón de vieja, y los postres dulces, maizcrudos, empanadas de Santa Rita o las semitas de anís, servidos con la grandiosidad del corazón norteño.

Cinco apartados integran este recetario de la cocina familiar duranguense. No forman parte de él los platillos regionales más típicos sino la comida usual o la de los días de fiesta en la mesa de familia. La primera sección, la de los **Antojitos y salsas**, abre el camino con veinte prácticas recetas. La segunda, la de **Caldos y sopas**, encierra algunas fórmulas útiles en todo tiempo y lugar.

De **Pescados** habla la tercera sección, casi una sorpresa tierra adentro. Y la cuarta, la más larga, deleita al lector con muchas y variadas preparaciones con **Aves y carnes**. Pollo y puerco tienen, así, un tratamiento exhaustivo… y apetitoso. El último apartado, el de **Galletas, pasteles y postres** es, por sus recetas, un verdadero disfrute.

ANTOJITOS Y SALSAS

Con los tamales de frijol, auténtica receta de extracción indígena, de origen prehispánico, se abre el capítulo de los antojitos duranguenses. Afirmar que tepehuanes, acaxees y xiximes, en sus largas cacerías por las sierras y valles locales, los supieron apreciar, no es especular demasiado. Sigue luego la fórmula de los tamales de puerco, ya de elaboración mestiza, seguramente de la época colonial, como probablemente lo es la torta india, con su crema, leche y mantequilla para mayor valor energético.

La versión del tamal de cazuela, esta vez con mole, que ofrece el recetario familiar de Durango, hace gala de ingredientes de alto consumo local: ajonjolí y cacahuate, con tres tipos de chile: ancho, mulato y pasilla, y tomates y jitomates. Por carne, se agrega la de lomo de puerco. Al parecer más modestas, pero no menos sabrosas, resultan las tostadas económicas que a su poquitín de carne deshebrada, añaden papa, lechuga, zanahoria, frijoles y chile. Son, pues, tostadas crujientes y de vista incitante.

Sigue un plato sencillo y también de atractiva apariencia, bautizado aquí con cierta irónica carga histórica: tacos Malinche. Se trata de tortillas fritas con pollo, aguacate picado y chiles jalapeños, en cama de lechuga y bañadas con crema. Epazote y cuitlacoche dan la pauta, a continuación, para preparar unas ricas quesadillas, y siguen unas apetitosas enchiladas, de gusto local, que llevan cacahuate, almendras y ajonjolí, con los que logran una factura singular. Otra receta de enchiladas remite a la cercana entidad de San Luis Potosí, que les da nombre y sabor.

En la sección de lo que podríamos llamar antojitos a base de verduras, destacan los chiles chipotle, rellenos de queso Chihuahua; siguen los huazontles capeados con huevo, los nopalitos en rajas, las rajas con crema y un platillo, pieza de resistencia, de origen cuaresmeño: los romeritos en mole. Aquí nuevamente ajonjolí y cacahuate dan consistencia a las suculentas hierbas y la sazón la agrega la medida equilibrada de los chiles ancho, pasilla y mulato.

Por lo que se refiere a las salsas, se ofrecen algunas recetas interesantes, básicas y populares. Así, la salsa de jitomate, otra de tomate verde y otra borracha, todas ellas picantes. Como lo son los pipianes que vienen en seguida.

El primero, un auténtico pipián con semillas de calabaza y con cacahuate, que incluye chiles mirasol, y otro, llamado pipián ranchero, que emplea semilla de chile colorado y chilitos de árbol. Cierra la sección una práctica receta para preparar una deleitosa salsa de champiñones.

¿Qué? ¿Son buenas las recetas? ¡Tú dirás! Según le metas...

Tamales de frijol

1 k	masa de maíz
20	hojas de maíz
1	diente de ajo
1	taza de frijol cocido y molido
3	cucharadas de manteca
1	cucharada de polvo para hornear
1	pizca de orégano
1	pizca de cominos
·	sal, al gusto

❦ Batir la masa de maíz con un poco de agua, manteca, polvo para hornear y sal; amasar hasta obtener una consistencia uniforme.

❦ Moler los frijoles con ajo, orégano y cominos, freír en manteca.

❦ Remojar las hojas de maíz y escurrirlas.

❦ Cubrir con masa cada hoja de maíz y agregar una cucharada de frijoles; envolver y cocer a vapor.

❦ Rinde 8 raciones

Receta de María Candelaria Tinoco B.

Tamales de puerco

1 k	masa de maíz
3/4 k	carne de puerco
1/2 k	manteca de puerco
150 g	chile ancho
3	dientes de ajo
·	comino y orégano
·	hojas de maíz
·	sal, al gusto

❦ Revolver la manteca con la masa y agregar un poco de sal; batir.

❦ Cubrir las hojas de maíz con esta mezcla.

❦ Cocer la carne y deshebrarla.

❦ Remojar los chiles en agua caliente y molerlos con ajo, comino y orégano, freír en aceite e incorporar la carne en trozos; dejar espesar.

❦ Agregar la preparación anterior a las hojas untadas de masa, doblar y cocer a vapor.

❦ Rinde 8 raciones

Receta de Blanca E. Quezada

Torta india

1/4 k	queso rallado
100 g	mantequilla
15	tortillas fritas en aceite
6	chiles poblanos
3	elotes
1/4	litro de crema
1	taza de leche
·	sal y pimienta, al gusto

❦ Asar, limpiar y cortar los chiles en rajas; desgranar los elotes y cocerlos con sal.

❦ Mezclar la crema con leche, sal y pimienta.

❦ Engrasar un recipiente refractario y colocar diez tortillas preparadas de la siguiente manera: pasar cada tortilla por la crema con leche, agregar una cucharadita de mantequilla, una cucharada de queso, tres o cuatro rajas de chile y una cucharada de elote; acomodarlas unas sobre otras.

❦ Partir en trozos las cinco tortillas restantes y colocarlas alrededor.

❦ Verter la crema con leche, mantequilla, rajas y queso sobrantes y hornear a 250°C hasta que seque y dore un poco; servir caliente.

❦ Rinde 6 raciones

Receta de María Saad Quiñones

Tamal de cazuela con mole

3/4 k	harina de maíz
375 g	manteca
1/4 k	jitomate
15	cáscaras de tomate
1/4	litro de caldo de carne
2	cucharadas de polvo para hornear
·	sal, al gusto

Relleno

1/2 k	lomo de puerco
1/4 k	jitomate
150 g	manteca
50 g	cacahuates
10	tomates verdes
4	clavos
4	pimientas grandes
3	chiles anchos
3	chiles pasilla
2	chiles mulatos
2	tortillas
1	raja de canela
1	tablilla de chocolate
1/2	pieza de pan
1/2	litro de caldo de carne
2	cucharadas de ajonjolí
1	cucharada de semillas de chiles
1	cucharadita de azúcar
·	sal, al gusto
·	vinagre

❧ Batir la manteca hasta que haga ojos.

❧ Agregar harina de maíz, el cocimiento de las cáscaras de tomate en media taza de agua, caldo, sal y polvo para hornear; batir.

❧ Engrasar una cazuela y colocar una capa de masa, otra de relleno y otra de masa; cocer a horno regular una hora aproximadamente; servir en la misma cazuela.

Relleno

❧ Desvenar los chiles, freírlos ligeramente en manteca y molerlos junto con el pan y las tortillas doradas en manteca, cacahuates, semillas de chile y ajonjolí (también dorados), jitomates y tomates crudos.

❧ Moler todo caliente sin nada de agua; al empezar a hervir, incorporar chocolate, sal, un poco de azúcar, clavo, pimienta y canela molidos, el caldo y el lomo cocido y deshebrado.

❧ Dejar hervir hasta que espese y retirar del fuego, agregar el vinagre.

❧ Rinde 8 raciones

Receta de María Guadalupe Rosales A.

Tostadas económicas

1/4 k	carne para deshebrar
1/2 k	papas
1/4 k	zanahorias ralladas
30	tostadas
2	tazas de frijoles cocidos y molidos
1	lechuga finamente picada
·	chiles jalapeños en vinagre (picados)
·	sal, al gusto

❧ Cocer la carne y deshebrarla.

❧ Cocer las papas y picarlas en cuadritos pequeños.

❧ Mezclar carne deshebrada, zanahoria rallada, papas picadas y los chiles; añadir vinagre y sal.

❧ Untar las tostadas con frijoles molidos, añadir un poco de la preparación de carne y lechuga.

❧ Rinde 10 raciones

Receta de María Guadalupe Rosales A.

Taquitos Malinche

1 k	tortillas de maíz
1/2	pollo cocido
5	aguacates
1	lechuga
1/2	taza de chiles jalapeños en vinagre
1/2	litro de aceite
1/4	litro de crema

❦ Desmenuzar el pollo y freírlo hasta que dore.
❦ Pasar las tortillas por aceite caliente y rellenarlas con pollo, aguacate y chiles jalapeños picados.
❦ Acomodarlos sobre lechuga picada y bañarlos con crema.
❦ Rinde 8 raciones

Receta de Regino Félix C.

Quesadillas de cuitlacoche

1/2 k	masa de maíz
4	hojas de epazote
2	dientes de ajo
2	tazas de cuitlacoche picado
1/2	taza de granos de elote cocidos
2	cucharadas de cebolla
1	cucharada de consomé de pollo (en polvo)
1	cucharada de sal
·	aceite

❦ Picar finamente cebolla, ajo y epazote; freír.
❦ Agregar los elotes y dejar freír un momento más.
❦ Añadir el cuitlacoche y consomé, cocer a fuego lento.
❦ Mezclar y amasar con sal.
❦ Dividir la masa en 12 raciones, hacer tortillas, rellenarlas con el guiso de cuitlacoche.
❦ Doblarlas, cerrarlas y freírlas en aceite caliente.
❦ Rinde 6 raciones

Receta de Leonor García

Enchiladas en cacahuate y almendras

100 g	cacahuates
100 g	almendras
10	chiles anchos
18	tortillas
2	dientes de ajo
1	pechuga de pollo cocida
1/2	cebolla
3	cucharadas de ajonjolí
·	un pedazo de pan blanco (remojado en vinagre)
·	aceite

❦ Dorar en aceite los cacahuates y las almendras peladas.
❦ Freír los chiles y el ajonjolí y molerlos con cebolla, ajo, pan, cacahuates y almendras.
❦ Freír la salsa en dos cucharadas de aceite.
❦ Freír ligeramente las tortillas y pasarlas por la salsa.
❦ Rellenarlas con pechuga deshebrada y servir.
❦ Rinde 6 raciones

Receta de Abigail M. Monroy Sánchez

Enchiladas estilo San Luis

24	tortillas chicas
200 g	queso fresco
175 g	manteca
8	chiles anchos
4	cebollas de rabo
2	dientes de ajo
1	raja de canela
1/4	litro de crema
·	sal, al gusto

- ❦ Desvenar los chiles y tostarlos ligeramente en un comal.
- ❦ Remojar y moler con canela, ajo, sal y un poco del agua de remojo.
- ❦ Hervir la salsa sin freír hasta que espese un poco.
- ❦ Meter las tortillas en la salsa (fría), freírlas en manteca, rellenarlas con queso rallado y cebolla picada; enrollar.
- ❦ Colocarlas en un platón refractario engrasado; hornear.
- ❦ Servirlas con crema.
- ❦ Rinde 8 raciones

Receta de María Guadalupe Rosales A.

Chiles chipotle rellenos

12	chiles secos (chipotle)
1/4 k	queso Chihuahua
125 g	piloncillo
2	huevos
1/4	litro de crema
·	aceite

- ❦ Cortar la punta a los chiles y hervirlos con piloncillo en litro y medio de agua (una hora aproximadamente), retirar.
- ❦ Abrirlos, escurrirlos y rellenarlos con queso.
- ❦ Pasarlos por huevo batido y freírlos en aceite.
- ❦ Servirlos con crema.
- ❦ Rinde 6 raciones

Receta de Rosa María Alemán F.

Huazontles capeados

1 k	huazontles
1/4 k	queso
3	huevos
1/4	litro de aceite
·	sal, al gusto

- ❦ Lavar los huazontles y separar los tallos.
- ❦ Cocerlos en una olla con suficiente agua con sal diez minutos.
- ❦ Escurrir y separar por raciones, colocar en el centro una rajita de queso; espolvorearles harina.
- ❦ Batir las claras a punto de turrón y agregar las yemas, pasar los huazontles por el huevo batido y freírlos en aceite.
- ❦ Servirlos con caldillo de jitomate.
- ❦ Rinde 6 raciones

Receta de Nora Moreno de G.

Nopalitos en rajas

6	nopales
3	aguacates
3	chiles poblanos
3	jitomates
2	dientes de ajo picados
2	hojas de laurel molidas
1	cebolla en rodajas
1	lechuga
2	cucharadas de aceite
1	cucharada de orégano
·	vinagre

❧ Cortar los nopales en tiras largas y cocerlos en agua con sal, ajo y un trozo de cebolla; lavar y escurrir.

❧ Freírlos en aceite con ajo y colocarlos en un platón extendido; espolvorear orégano.

❧ Adornar con trozos de aguacate, rajas de chile, hojas de lechuga, rebanadas de jitomate, cebolla y laurel.

❧ Sazonar con sal y unas gotas de vinagre.

❧ Rinde 6 raciones

Receta de Delia J. Miranda S.

Romeritos en mole

400 g	papa
300 g	nopales
200 g	pan blanco
50 g	cacahuates
4	chiles anchos
4	chiles mulatos
2	chiles pasilla
3	pimientas gruesas
2	clavos de olor
2	dientes de ajo
1	cebolla
1	cucharada de ajonjolí
1	manojo grande de romeritos
1	raja de canela
1	tortilla
·	aceite
·	sal, al gusto

❧ Desvenar los chiles y pasarlos por aceite caliente, molerlos con cacahuates, tortilla y pan (fritos), ajonjolí tostado, especias, ajo y cebolla.

❧ Disolver todo en medio litro de agua caliente y freír en tres cucharadas de aceite.

❧ Al empezar a espesar, agregar papas cocidas y picadas en cuadritos, nopales y romeritos (cocidos, picados y escurridos); sazonar con sal.

❧ Dejar en el fuego hasta que la salsa espese.

❧ Rinde 6 raciones

Receta de Margarita Lira G.

Rajas con crema

1/2 k	calabacitas
1/2 k	chile poblano
30 g	mantequilla
1/4	litro de leche
1	cucharada de cebolla picada
·	crema de leche
·	queso fresco

❧ Acitronar cebolla en la mantequilla; agregar calabacitas picadas, chiles poblanos tostados, desvenados y en rajitas; dejar freír.

❧ Añadir la leche y hervir con el recipiente tapado, a fuego lento, hasta que estén suaves.

❧ Verter en un molde refractario, agregar crema y queso en rebanadas.

❧ Meter 5 minutos a horno caliente.

❧ Rinde 6 raciones

Receta de Alicia E. Hernández V.

Salsa de jitomate

2	jitomates grandes
2	chiles serranos
1	cebolla
2	cucharadas de aceite
1	cucharada de cilantro picado
·	sal y pimienta, al gusto

♥ Picar jitomate y cebolla, mezclar.
♥ Agregar los chiles (asados, limpios y picados) con aceite y cilantro.
♥ Sazonar con sal y pimienta; servir.
♥ Rinde 6 raciones

Receta de Néstora Aguilar de Pérez

Salsa de tomate verde

20	tomates verdes
3	chiles serranos
2	dientes de ajo
1	cebolla
1	cucharada de cilantro picado
·	sal, al gusto

♥ Cocer los tomates con los chiles.
♥ Molerlos en molcajete con cebolla y ajo, agregar cilantro picado y sazonar con sal.
♥ Rinde 6 raciones

Receta de Néstora Aguilar de Pérez

Pipián ✗

100 g	cacahuates
100 g	semillas de calabaza
3	chiles mirasol
2	chiles anchos
·	caldo de pollo

♥ Dorar en aceite caliente semillas de calabaza, cacahuates y chiles.
♥ Licuar con caldo, colar y freír en aceite; sazonar al gusto.
♥ Dejar hervir un momento a fuego suave; servir.
♥ Rinde 6 raciones

Receta de Nora Moreno de G.

Salsa borracha

100 g	chile pasilla
60 g	queso añejo
6	chiles serranos en vinagre
2	cebollas
2	dientes de ajo
1/4	litro de pulque
4	cucharadas de aceite de oliva
·	sal, al gusto

♥ Tostar ligeramente los chiles, desvenarlos y remojarlos; molerlos con ajo; agregar aceite y pulque y sazonar con sal.
♥ Servir con chiles serranos en vinagre, queso rallado y cebolla finamente picada.
♥ Rinde 6 raciones

Receta de Néstora Aguilar de Pérez

Pipián ranchero

1/2 k	costilla de puerco
1/4 k	chile ancho
100 g	manteca de puerco
100 g	masa
5	chiles de árbol
2	dientes de ajo
1	pizca de comino molido
·	sal, al gusto

❦ Suavizar las semillas de los chiles en agua caliente.
❦ Molerlas con la masa, chile, sal, ajo y comino, agregar un poco de agua.
❦ Freír las costillas de puerco en manteca, revolver constantemente hasta que se doren; añadir una taza de agua y dejarla consumir.
❦ Incorporar los ingredientes molidos y colados, dejar hervir cinco minutos; retirar y servir.
❦ Rinde 6 raciones

Receta de Rosa María González V.

Salsa de champiñones

1/2 k	champiñones frescos
2	cucharadas de harina
2	cucharadas de mantequilla
1	taza de caldo de pollo
·	sal y pimienta, al gusto

❦ Cocer los champiñones hasta que se ablanden.
❦ Freír harina en mantequilla, revolver constantemente para evitar que se formen grumos.
❦ Añadir caldo y dejar hervir a fuego lento durante diez minutos; sazonar con sal y pimienta.
❦ Añadir los champiñones partidos a la mitad y dejarlos hervir en la salsa otros diez minutos.
❦ Rinde 6 raciones

Receta de Néstora Aguilar de Pérez

Caldos y Sopas

CALDOS Y SOPAS

Abre el apartado la más popular quizá de las recetas locales: el caldillo durangueño. Se prepara el plato, que vale por una comida, a base de carne de res (bola) y se aadereza con chile verde, chile ancho, tomate, cebolla, comino y ajo. La sopa de tortilla que se ofrece enseguida es una versión de la sopa tradicional y exige que las tortillas sean de un día antes –de ninguna manera se trata de tortillas viejas– y queden bien doraditas.

De gusto especial resulta sin duda la sopa de puré de frijoles blancos o alubias, aunque la receta aclara que puede utilizarse cualquier otra clase de frijoles. El fondo de esta sopa se obtiene sabiamente, de hueso de res, y se añade apio, cebolla y zanahorias, entre otros ingredientes.

Original resulta la sopa seca de cebollitas, con nata y queso manchego rallado. En cambio la sopa de calabacitas resulta para los mexicanos un platillo clásico, de consumo casi nacional en sus diferentes versiones.

Sustanciosa, en verdad, se presenta aquí una receta de la conocida sopa azteca, pues incluye desde ajo y cebolla hasta nueces y piñones. Y agrega un pollo, aunque éste, como se aclara, puede servirse como segundo plato con ensalada. Sencilla y reconfortante toma su lugar una crema de jitomate, mientras que luego las bíblicas lentejas son una comida en sí, sobre todo cuando llevan chorizo. Este guiso es modular, ya que también puede prepararse con alubias, frijoles, habas, etc. Como se vé, lo que no puede cambiarse es su capacidad nutritiva.

A falta de una receta del manchamanteles local, se ofrece la de un riquísimo mole de olla a base de pecho de res, chiles rojos, rajas y verduras. Finalmente, un rendidor arroz a la mexicana, con chiles poblanos y crema para enriquecerlo, cierra el apartado.

Si es arroz o soldadera, los acompaña cualquiera

Caldillo durangueño

1/2 k bola de res
400 g chile poblano
1/4 k tomate verde
100 g manteca de puerco
2 dientes de ajo
2 cucharadas de cebolla
   finamente picada
1 cucharada de cilantro picado
1/4 cucharadita de comino molido
· sal, al gusto

♥ Para secar la carne de res hay que abrirla en una tira de medio centímetro de espesor; salarla y asolearla prendida de un lazo; machacarla con la mano de un metate y terminar de deshebrarla con los dedos.
♥ Para secar los chiles se deben asar, pelar y colgar en un mecate; desvenarlos.
♥ Para preparar la salsa, cocer los tomates en tres tazas de agua hasta que tomen color pardo, molerlos en molcajete con cebolla, ajo y cilantro; mezclar con el agua en que se cocieron los tomates.
♥ Calentar la manteca y freír la carne, revolver con cuchara de madera durante ocho minutos.
♥ Agregar la salsa y tres tazas de agua; dejar hervir hasta que la carne suavice.
♥ Remojar los chiles en agua caliente, escurrir y cortar en rajas, incorporarlas a la carne y dejar hervir cinco minutos; agregar comino y sal.
♥ Servir en plato hondo con tortillas de maíz recién hechas y café de olla endulzado con piloncillo.
♥ Rinde 6 raciones

Receta de Karelia Soto de García

Sopa de tortilla

100 g queso rallado
10 tortillas frías
6 chiles guajillos fritos
2 dientes de ajo
1/2 cebolla picada
6 tazas de caldo
1/2 taza de puré de jitomate
· aceite
· sal y pimienta, al gusto

♥ Cortar las tortillas en tiritas y dorarlas en aceite.
♥ Freír puré de jitomate en dos cucharadas de aceite, agregar ajo, cebolla y el caldo.
♥ Sazonar con sal y pimienta y dejar hervir unos minutos.
♥ Colocar las tortillas en platos hondos y cubrir con el caldillo, espolvorear queso y adornar cada plato con un chile.
♥ Hornear durante quince minutos y servir.
♥ Rinde 6 raciones

Receta de Margarita Ruiz Brito

Sopa seca de cebollitas

75 g mantequilla
30 cebollitas de Cambray
3 dientes de ajos picados
2 tazas de puré de jitomate
3/4 taza de nata o crema
3/4 taza de queso manchego
   rallado
· sal, al gusto

♥ Derretir la mantequilla y freír los ajos hasta acitronar; añadir puré de jitomate y dejar que suelte el hervor.
♥ Agregar cebollitas, queso, crema o nata y sazonar con sal; cocinar hasta que se cuezan las cebollitas.
♥ Rinde 6 raciones

Receta de Ernesto Arreola V.

Sopa de frijoles blancos

1 1/2	taza de frijoles blancos (cocidos)
1	cebolla picada
1	hueso de jamón
2	tallos de apio picados
2	zanahorias en trozos
1	clavo de olor
6	tazas de agua fría
1/2	taza de puré de jitomate
1/8	taza de pimientos morrones picados
1/8	cucharadita de mostaza
·	sal y pimienta, al gusto

❦ Licuar los frijoles, disolver en dos tazas de caldo de frijol y colar.

❦ Cocer a fuego lento con agua, el hueso y los demás ingredientes hasta que las zanahorias estén tiernas.

❦ Retirar el hueso, sazonar al gusto y servir.

❦ Rinde 8 raciones

Receta de Néstora Aguilar de Pérez

Sopa de calabacitas

1/2 k	calabacitas
1/4 k	jitomate
100 g	chícharos cocidos
50 g	mantequilla
1/8	litro de crema
5	tazas de caldo
3	cucharadas de harina
1	cebolla chica
·	sal y pimienta, al gusto

❦ Freír harina en mantequilla; antes de que dore, agregar los jitomates (asados, molidos con cebolla y colados).

❦ Añadir las calabacitas cocidas y licuadas con caldo, sal y pimienta.

❦ Dejar hervir quince minutos a fuego lento.

❦ Verter en una sopera y servir con chícharos y crema.

❦ Rinde 6 raciones

Receta de Margarita Ruiz Brito

Crema de tomate

1 1/2 k	jitomates maduros cocidos
1	hoja de laurel
1	clavo de olor
3	tazas de leche
3	cucharadas de mantequilla
3	cucharadas de harina
1	cucharada de cebolla picada
1/2	cucharadita de azúcar
1	pizca de bicarbonato
·	sal y pimienta, al gusto

❦ Derretir la mantequilla a baño María; agregar harina, sal y pimienta, mezclar bien.

❦ Añadir leche y revolver hasta que espese.

❦ Aparte, cocinar durante cinco minutos los jitomates licuados y cocidos, cebolla, azúcar, laurel y clavo; colar y añadir bicarbonato.

❦ Mezclar poco a poco con la leche, revolver constantemente.

❦ Calentar durante un minuto sin dejar de revolver y servir.

❦ Rinde 6 raciones

Receta de Néstora Aguilar de Pérez

Sopa azteca

1	pollo mediano
100 g	manteca de cerdo
50 g	nueces
50 g	piñones
50 g	semillas de calabaza
8	tortillas frías
6	huevos cocidos
2	elotes tiernos
1	cebolla grande
1	diente de ajo
2	litros de caldo
·	queso fresco
·	sal y pimienta, al gusto

- Cocer el pollo en agua con ajo, cebolla y sal; agregar, a los diez minutos, los elotes pelados y hervir.
- Freír en manteca piñones, nueces, ajo y cebolla (hasta transparentar).
- Tostar semillas de calabaza y licuar con la preparación anterior hasta formar una pasta, agregar yemas de huevo cocidas y molidas.
- Cortar las tortillas en tiras finas y dorarlas en manteca.
- Desgranar los elotes.
- Colar dos litros de caldo e incorporar los granos de elote, la pasta de nueces y semillas y, al final, las tortillas.
- Servir en cazuelas individuales con queso fresco.
- Gratinar en el horno y añadir las claras picadas.
- Servir el pollo como segundo plato, acompañado de ensalada.
- Rinde 8 raciones

Receta de Irma Guliarro Valeria

Lentejas con chorizo

1/4 k	lentejas
50 g	chorizo
1	cebolla
1	diente de ajo
1	pimiento morrón
1	jitomate
·	aceite
·	perejil picado
·	sal, al gusto

- Cocer las lentejas con agua y sal; freírlas en aceite con cebolla, ajo, chorizo, pimiento morrón, jitomate y perejil picados.
- Cocinar a fuego lento (deben quedar caldosas).
- Rinde 6 raciones

Receta de Columba Reyes González

Mole de olla

1 k	pecho de res
150 g	ejotes
18	bolitas de masa
6	calabacitas
4	chiles anchos
3	elotes
2	dientes de ajo
1	cebolla chica
·	epazote

- Cocer la carne en trozos con diez tazas de agua; cuando suavice, agregar los chiles desvenados, remojados y licuados con cebolla, ajo y epazote.
- Agregar los ejotes y los elotes partidos; cuando se cuezan, agregar las calabacitas rebanadas y las bolitas de masa; dejar cocer
- Servir con orégano.
- Rinde 8 raciones

Receta de Martha B. Ortiz Z.

Arroz a la mexicana

1/4 k   queso rallado
3   chiles poblanos (asados, pelados y en rajas)
1   cebolla finamente picada
1   barrita de mantequilla
2   tazas de caldo
1   taza de arroz
1/4   litro de crema
·   aceite
·   sal y pimienta, al gusto

❦ Dorar en aceite el arroz lavado y escurrido; agregar caldo, cebolla y sal; dejar cocer.

❦ Colocar en un recipiente refractario una capa de arroz con trocitos de mantequilla, queso rallado y rajas de chile, otra capa de arroz y queso rallado.

❦ Añadir pimienta, bañar con crema y hornear hasta que el queso gratine.

❦ Rinde 6 raciones

Receta de Maricela Tinoco S.

III

PESCADOS

Tierra adentro, la cocina familiar duranguense no está lejana al mar. La media docena de recetas con que se integra este apartado muestra, a más de eso, gusto por la variedad y la calidad de los platillos. Para empezar, tal como si se estuviese junto al litoral, ¿qué entrada más propicia que la de un buen ceviche?

Pero en esta ocasión el ceviche tiene por base una variedad exquisita de pescado, el pámpano. Con el sustancioso atún, cuyo consumo es más tradicional en todo el país, y del cual afortunadamene se tiene una abundante producción, se elabora el pastel que se presenta a continuación. Un pastel que, de desearse, puede volverse picante, agregándole chiles al gusto.

El pescado primavera es una receta de cazón sazonado con tocino y verduras, mientras que la receta de pescado a la española no especifica la variedad a emplear, dejándole al paladar o a la disponibilidad de mercado tal decisión, y adopta cabalmente la fórmula a la cocina cotidiana pues sustituye además los pimientos morrones por los chiles jalapeños, más accesibles y de magnífico sabor, usados con moderación.

Para finalizar, dos recetas basadas en otra especie exquisita, el robalo, cierran la sección. La primera da la fórmula para cocinarlo al horno con jitomate, cebolla y perejil. En la segunda se confecciona en una salsa verde con chícharos y también con perejil.

Pescado los viernes o es fiesta en ciernes

Ceviche

1/2 k	pámpano
1/4 k	jitomate picado finamente
5	limones (el jugo)
4	chiles serranos en vinagre (picados)
1	cebolla finamente picada
1/2	cucharadita de orégano
·	sal y pimienta, al gusto

❦ Quitar la piel al pescado, partirlo en pequeños cuadritos y colocarlos en un recipiente de cristal con jugo de limón.

❦ Dejar marinar durante tres horas, revolver varias veces con una cuchara de madera.

❦ Agregar jitomate, cebolla, chiles, orégano y sazonar con sal y pimienta.

❦ Servir en frío.

❦ Rinde 6 raciones

Receta de Néstora Aguilar de Pérez

Pastel de atún

1/4 k	queso rallado
4	huevos
4	rebanadas de pan de caja
2	chiles jalapeños en vinagre
1	barra de mantequilla
1	lata de atún
·	leche
·	sal y pimienta, al gusto

❦ Cortar la orilla del pan y desmenuzarlo, agregar leche hasta formar una pasta; incorporar huevos, atún, queso, chiles picados, sal y pimienta, amasar bien.

❦ Derretir la mantequilla y mezclar con la preparación anterior; batir y verter en un recipiente refractario previamente engrasado.

❦ Meter a horno caliente (200°C) hasta dorar (debe quedar suave).

❦ Rinde 8 raciones

Receta de Isaac Orozco R.

Pescado primavera

1 k	filete de cazón
200 g	tocino
4	zanahorias cocidas
3	papas cocidas
1	taza de consomé
1	taza de salsa de jitomate
·	sal y pimienta, al gusto

❦ Partir en trozos las papas y las zanahorias.

❦ Dorar tocino y agregar el pescado, consomé, salsa de jitomate, zanahorias y papas, sal y pimienta.

❦ Cocer a fuego lento durante quince minutos.

❦ Rinde 6 raciones

Receta de María Navarrete S.

Pescado a la española

1	pescado grande
100 g	mantequilla
2	dientes de ajo picados
1	chile jalapeño en rajas
1	limón (el jugo)
1	taza de puré de jitomate
3	cucharadas de cebolla picada
2	cucharadas de pimienta

❧ Limpiar el pescado y hacerle unos cortes por ambos lados.
❧ Mezclar los ingredientes y untarlos al pescado.
❧ Colocarlo en papel aluminio y envolver.
❧ Asar en comal y dejarlo cocer.
❧ Rinde 6 raciones

Receta de Leoncio Sánchez P.

Robalitos al horno

6	robalitos
5	jitomates
3	cebollas
1/2	taza de aceite
2	cucharadas de perejil
2	cucharadas de vinagre
·	sal y pimienta, al gusto

❧ Limpiar los robalitos y picarlos con un tenedor para que penetre el condimento.
❧ Picar finamente cebolla, jitomate y perejil; colocar los robalitos en un recipiente refractario, agregar el recaudo picado, sal, pimienta, vinagre y aceite.
❧ Cocer en el horno y servir.
❧ Rinde 6 raciones

Receta de Néstora Aguilar de Pérez

Robalo en salsa verde

1 k	robalo rebanado
1/4 k	chícharos
3	dientes de ajo
2	tazas de agua
1/2	taza de aceite
1	cucharada de perejil
·	sal y pimienta molida

❧ Dorar los ajos en aceite, retirarlos y freír ahí mismo el pescado; agregar chícharos cocidos, perejil picado, sal, pimienta y agua.
❧ Dejar sazonar a fuego suave.
❧ Rinde 6 raciones

Receta de Néstora Aguilar de Pérez

Durango

Una decena de recetas basadas en la carne de pollo aparecen en este recetario de la cocina familiar duranguense. Muestra son, al parecer, de una sana inclinación. No es gratuito que un adagio tradicional lo afirme: "Come pollito y llega a viejito". La rica inventiva popular, hija de la necesidad, debió crear la primera receta: unas albóndigas de pollo. Con tan útil ave se prepara también un sabroso pollo a la mexicana, con chiles poblanos grandes como aderezo. Luego, siguiendo una técnica clásica prehispánica, se da el secreto de unos atractivos mixiotes de pollo con tres tipos de chile: mulato, chipotle y ancho, todo ello envuelto en papel aluminio, como sustituto del preciado maguey, para cocer en una vaporera.

La salsa verde del platillo de pollo que se ofrece a continuación está claramente detallada. Son chiles poblanos y chícharos los que le dan el verdor. En cambio, el pollo en pipián verde utiliza pepitas de calabaza, chiles poblanos y tomates verdes, con una pizca de anís. La siguiente receta tiene por base una incitante salsa de chile chipotle y agrega pasas y aceitunas para dar lujo al platillo. Fresca y ligera viene, enseguida, la fórmula de un pollo con fruta. Piña, en este caso, que se combina con zanahorias y cacahuates.

Y, acto seguido, otras dos sustanciosas recetas de pollo con nogadas o salsas de nuez. La primera se prepara con vino blanco, a la segunda se le agregan chiles rojos y pasas. Pollo al vino, la siguiente receta, de origen y corte europeo, incluye queso amarillo y pide cortar en trocitos la carne. Y para concluir con los platillos de aves se ofrece una receta de la cocina familiar en el norte, pero proveniente de Puebla, un sabroso mole preparado con guajolote y, en larga lista, todos sus ingredientes.

Se pasa así a las recetas que emplean la carne de puerco. Durango nos descubre, en esta ocasión, más de la docena. Están encabezadas por una de chorizo, tipo español, aunque de inmediato regresan al mestizaje culinario que el propio puerco propició. Siguen, de tal modo, algunos platos de gran antojo: nopales con carne de cerdo, guisado de chile macho con carne troceada y tomate verde, calabacitas con carne de cerdo, adobo sobre la base del chile ancho y el pasilla, y una muy popular, pero no menos apetitosa, la de carne deshebrada de puerco, con tomate, cilantro y chile ancho.

Sobria y sustanciosa viene después una fórmula importante: la manera de preparar una pierna de puerco asada –sin relleno– con bastante jugo de limón. Luego, un estofado de lomo de cerdo a la mexicana, con un rico aderezo de chiles chipotle, vinagre, aguacates, tomates y jitomates. De nórdico gusto siguen unas costillas de puerco con naranja, miel y cerveza. Y para no olvidar el gusto agridulce, de nostalgia oriental, un lomo con piña; de origen hawaiano para mayor precisión, con clavo y azúcar mascabado para lo acidulce. Tres prácticas y fáciles recetas cierran la sección que toma por base la carne de cerdo: la que lo guarnece con salsa verde de tomate, chícharos, habas verdes y papas; la de un delicado lomo relleno –de pasas, almendras, ajo y hierbas de olor– y, por fin, la de otro fino lomo de cerdo en salsa verde con alcaparras.

Acto continuo se ofrece una receta de "cordero al gusto" que sirve de puente aquí para los platillos preparados con carne de res; este guiso inapreciable, de gusto español, acompaña el apetitoso cordero con zanahorias y papas, y lo condimenta, por supuesto, con pimienta y cominos. "Ahogadoras" se llaman

Carne magra y guarnición del huerto, consejo es, saludable y cierto

unas tortitas de carne y huevo, de fácil preparación, como resulta también la receta del bistec en rajas de chile poblano. La buena producción de carne regional ayuda a elaborar importantes platillos de resistencia. Tal es el caso de dos rendidoras preparaciones: el cuete en estofado –con zanahorias y papas chiquitas– y el rollo de carne –con zanahorias y ejotes.

Cierran el apartado dos recetas de gusto y elaboración más compleja. Ambas de gran calidad. La primera es la de cabeza de res estilo "Nuevo Ideal", con bastantes condimentos y aromas, pimienta, comino, cebolla, ajo, chiles pasilla y serrano, para cocer en olla de barro. Finalmente, una receta de nombre original: gusano en mole verde. Se trata de una gran pieza de carne –cuete–, cortada en pequeños trozos y preparada con una cascada de ingredientes que van, desde los chiles poblanos y jalapeños, las semillas de calabaza, hasta los ajos y cominos.

Albóndigas de pollo o de gallina

1	pollo o gallina
60 g	manteca de puerco
50 g	almendras
3	huevos
3	jitomates
2	dientes de ajo
2	clavos
1	pan remojado en leche
1	pizca de pimienta
1	pizca de sal

- Eliminar el pellejo y el hueso de la gallina o del pollo.
- Moler la carne con ajo y mezclar sal, huevos, pan remojado, pimienta, clavo y jitomates (todo molido).
- Incorporar y preparar las albóndigas; cocerlas en agua hirviendo con sal y manteca caliente.
- Espesar el caldillo con almendras molidas.
- Rinde 6 raciones

Receta de Gloria González C.

Pollo a la mexicana

1	pollo grande en piezas
3	chiles poblanos grandes
3	dientes de ajo picados
3	jitomates grandes
1	cebolla grande rebanada
·	sal y pimienta, al gusto
·	aceite

- Untar el pollo con sal y pimienta y dorar en aceite; retirar.
- Freír en ese mismo aceite ajo, cebolla rebanada, jitomates (sin piel ni semillas y picados) y chiles poblanos (asados, pelados, desvenados y en rajitas); dejar hervir unos minutos.
- Agregar el pollo y dos tazas de agua hirviendo; tapar y cocer a fuego lento.
- Rinde 8 raciones

Receta de Abigail M. Monroy S.

Mixiotes

1/4 k	manteca de puerco o aceite
1	pollo partido en piezas
2	chiles anchos
2	chiles chipotle
2	chiles mulatos
2	cucharaditas de consomé en polvo
2	cucharaditas de orégano, tomillo y mejorana
·	papel aluminio

- Dorar los chiles, remojarlos y licuarlos con ajo, hierbas de olor y consomé.
- Acomodar las piezas de pollo en papel aluminio con una cucharadita de manteca y dos cucharadas de salsa; envolver en forma de bolsita.
- Cocer a vapor durante treinta minutos.
- Rinde 8 raciones

Receta de Nora Moreno de G.

✗ *Pollo en salsa verde*

1	pollo tierno (en piezas)
4	pimientas gruesas
1	cebolla
1	hoja de laurel
1	rama de mejorana
1	rama de tomillo
·	sal, al gusto

Salsa

100 g	chícharos cocidos
100 g	pan blanco
50 g	almendras
30 g	manteca
3	chiles poblanos
1	cebolla chica
1	diente de ajo
1/2	litro de caldo de pollo
1/8	litro de crema
·	sal y pimienta, al gusto

❧ Cocer el pollo en tres litros de agua con cebolla, hierbas de olor, sal y pimienta (a fuego suave).

❧ Freír en manteca ajo, cebolla, pan, almendras peladas y los chiles asados, desvenados y sin piel; licuar con tres tazas de caldo.

❧ Poner la salsa al fuego con las piezas de pollo y los chícharos; sazonar con sal y pimienta.

❧ Retirar cuando espese la salsa; servir con crema.

❧ Rinde 6 raciones

Receta de Julieta Navarro Maldonado

✗ *Pollo en pipián verde*

1 k	tomates verdes
1	pollo grande
4	hojas verdes de lechuga
3	chiles verdes poblanos
3	pimientas
2	dientes de ajo
1	cebolla
1	taza de pepitas de calabaza peladas
1	pizca de anís
·	aceite y sal

❧ Cocer el pollo con ajo.

❧ Tostar las pepitas y molerlas todavía calientes con tomates crudos, cebolla, chiles, lechuga, pimientas y anís.

❧ Freír en aceite caliente, agregar caldo suficiente y las piezas de pollo.

❧ Sazonar con sal y dejar a fuego suave; revolver con cuchara de madera sólo hacia un lado.

❧ No sacar la cuchara porque se puede cortar el guiso.

❧ Rinde 6 raciones

Receta de Abigail M. Monroy S.

Pollo en salsa chipotle

1	pollo de leche
1/2 k	jitomates
50 g	pasas
50 g	aceitunas
5	almendras
4	chiles anchos
2	cucharadas de manteca
2	dientes de ajo chicos
1	pizca de pimienta
·	sal y azúcar, al gusto
·	chiles chipotle en vinagre

❦ Cocer el pollo con verduras y agua suficiente.

❦ Cocer los jitomates y suavizar el chile en agua caliente.

❦ Licuar jitomates, chiles ancho y chipotle, almendras, ajo, pimienta, sal, azúcar y la mitad de las pasas con un poco de caldo de pollo.

❦ Freír la salsa en manteca y, al empezar a hervir, agregar las piezas de pollo y el resto de las pasas y las aceitunas con un poco de caldo.

❦ Hervir unos minutos y servir.

❦ Rinde 6 raciones

Receta de María Ester García R.

Pollo con fruta

1	pollo partido en piezas
3	rebanadas de piña (picadas)
2	zanahorias (en cuadritos)
1/2	cebolla picada
1/2	taza de cacahuates pelados
·	aceite
·	sal y pimienta, al gusto

❦ Lavar y secar las piezas de pollo, sazonarlas con sal y pimienta, dorar en aceite y reservar.

❦ En esa misma grasa saltear la cebolla hasta que se transparente, agregar piña, zanahorias y cacahuates; dejar cocer.

❦ Incorporar el pollo y añadir una taza de agua; cocinar con la cacerola tapada hasta que el pollo esté tierno.

❦ Rinde 6 raciones

Receta de María de Lourdes Tinoco B.

Pollo en salsa de nuez

1	pollo
1/4 k	jitomate
100 g	nueces
75 g	mantequilla
1	cebolla
1	litro de caldo
1/2	taza de vino blanco
·	nuez moscada
·	sal y pimienta, al gusto

❦ Dorar en mantequilla el pollo partido en raciones, agregar jitomate asado, licuado con cebolla y colado; freír.

❦ Añadir un litro de caldo y dejar cocer, agregar nuez molida con un poco de caldo y vino blanco.

❦ Sazonar con sal, pimienta y nuez moscada.

❦ Dejar hervir y retirar cuando la salsa espese.

❦ Rinde 6 raciones

Receta de Dora Elsa Tinoco B.

Pollo en salsa de nueces y pasas

1 k	pollo
1/2 k	jitomate
200 g	nueces
100 g	pasas
6	rebanadas de cebolla
4	dientes de ajo
4	chiles grandes rojos
1	pan tostado
·	manteca
·	sal, al gusto

- Cocer el pollo con dos dientes de ajo, tres rebanadas de cebolla y sal.
- Pasar los chiles por manteca caliente, lo mismo que las nueces, las pasas y el pan tostado.
- Asar el jitomate y licuar con dos dientes de ajo, la cebolla restante, sal y demás especies.
- Freír esta salsa y añadir dos tazas de caldo de pollo; dejar hervir unos minutos.
- Incorporar el pollo partido en piezas y dejar sazonar a fuego lento.
- Rinde 8 raciones

Receta de Hermila Zura Vázquez

Pollo al vino

2	tazas de harina
1	taza de agua
1	taza de pollo cocido
1/2	taza de queso amarillo rallado
1/2	taza de vino rosado
1	huevo
1/2	cebolla mediana rallada
2	cucharadas de polvo para hornear
·	aceite
·	sal, al gusto

- Mezclar harina, polvo para hornear, agua, vino rosado, huevo batido, sal y cebolla rallada.
- Añadir el pollo cortado en trocitos, queso amarillo y mezclar bien.
- Tomar cucharadas de la mezcla y freír en aceite caliente por ambos lados, escurrir la grasa sobre papel absorbente; servir caliente.
- Rinde 6 raciones

Receta de Martha Macías M.

Chorizo tipo español

3/4 k	carne de cerdo
1/2	taza de vinagre
8	pimientas negras
5	chiles anchos
4	clavos
1	cabeza de ajo (sin cáscara)
1	raja de canela
2	cucharadas de pimentón
1	cucharadita de azúcar
1/2	tripa natural
·	sal, al gusto
·	sal nitro

- Picar la carne en trozos pequeños, mezclar con sal nitro y dejar reposar 24 horas.
- Moler la carne con vinagre y mezclar con los demás ingredientes molidos; rellenar la tripa.
- Colocarla al sol para que se oree un poco.
- Rinde 6 raciones

Receta de Rosa Emma Barrera S.

✗ Mole poblano

1	guajolote (en piezas)
1/4 k	almendras
1/4 k	pasas
1/4 k	chile mulato
125 g	chile pasilla
10	chiles anchos
5	chiles chipotle
3	jitomates grandes
3	rebanadas de pan frito
3	tabletas de chocolate
1	cucharada de pimienta
1	cabeza de ajo
1	tortilla
3/4	taza de ajonjolí
1/4	taza de azúcar
·	clavo
·	manteca

- ♥ Cocer las piezas del guajolote y reservar el caldo.
- ♥ Asar los ajos en comal y freír los jitomates en un poco de manteca.
- ♥ Dorar en manteca (uno por uno) los demás ingredientes, excepto azúcar y ajonjolí.
- ♥ Desvenar los chiles, eliminar las semillas y freír (los chiles chipotle se deben freír más tiempo para que se quemen y se les quite lo picoso).
- ♥ Moler en metate todos los ingredientes dorados, deshacerlos bien hasta formar una pasta.
- ♥ Calentar manteca en una cazuela y freír la pasta del mole, agregar caldo de guajolote, dorar azúcar e incorporarla (revolver para que no se queme).
- ♥ Dorar ajonjolí en una sartén; reservar.
- ♥ Incorporar al mole las piezas de guajolote y sal, dejar hervir.
- ♥ Servir con ajonjolí tostado.
- ♥ Rinde 18 raciones

Receta de Angélica María Rodríguez B.

Nopales con carne de puerco

1 k	nopales
1 k	carne de puerco
1/4 k	chile rojo
2	dientes de ajo
1	trozo de cebolla
·	aceite
·	cominos
·	orégano
·	sal, al gusto

- ♥ Cocer la carne en agua suficiente; reservar.
- ♥ Cocer los nopales con un trozo de cebolla y ajo.
- ♥ Freír la carne, agregar los nopales escurridos y dejar freír un rato.
- ♥ Licuar los chiles rojos con ajo, comino, orégano y sal, verter sobre la carne con nopales; cocer quince minutos.
- ♥ Rinde 6 raciones

Receta de Leticia Ortiz Silerio

Guisado de chile macho

1 k	carne de cerdo
1/2 k	tomates verdes
1/4 k	chile pasilla
125 g	manteca de cerdo
1	taza de pulque
·	sal, al gusto

- ♥ Cortar la carne en trocitos y freír en manteca.
- ♥ Cocer los tomates; tostar los chiles en un comal, desvenarlos y remojarlos en agua caliente.
- ♥ Licuar los tomates con los chiles y verter en el recipiente de la carne; al soltar el hervor, agregar pulque.
- ♥ Dejar hervir diez minutos, sazonar con sal.
- ♥ Servir con tortillas de harina.
- ♥ Rinde 8 raciones

Receta de María Saad Quiñones

Calabacitas con carne de cerdo

1 k	calabacitas tiernas
1/2 k	carne de cerdo
1/4 k	jitomate
1	diente de ajo picado
2	cucharadas de cebolla picada
·	aceite
·	sal, al gusto

❦ Rebanar la carne y cocerla en agua con sal.

❦ Retirar cuando esté casi suave, freírla ligeramente en aceite caliente (sin dorarla); añadir ajo y cebolla, jitomates molidos y colados y calabacitas finamente picadas (agregar chile serrano, si se desea); sazonar con sal y tapar la cacerola.

❦ Dejar hervir a fuego regular hasta que las calabacitas y la carne estén suaves; revolver de vez en cuando.

❦ Rinde 8 raciones

Receta de María de la Luz Barragán R.

Adobo

1 k	pierna de puerco
4	chiles anchos desvenados
2	chiles pasilla desvenados
2	cucharadas de vinagre
1	ajo
1	pedacito de chocolate
1	raja de canela
1/2	cebolla
2	tazas de agua caliente
·	aceite
·	sal, al gusto

❦ Moler ajo con sal, untar la carne y dorarla en aceite por ambos lados.

❦ Remojar los chiles tostados, licuarlos con vinagre, chocolate, canela y cebolla; incorporar a la carne y dejar cocer a fuego lento.

❦ Rinde 8 raciones

Receta de Rosa Emma Barrera S.

Carne deshebrada de puerco

1 k	carne de puerco cocida
1/2 k	tomates verdes
4	chiles poblanos
2	dientes de ajo
1/2	cebolla
·	cilantro
·	aceite

❦ Cocer los tomates y licuarlos con los chiles asados y pelados, ajo y cebolla; colar con una taza de caldo y guisar con un poco de aceite.

❦ Al hervir, agregar la carne y cilantro finamente picado; dejar espesar.

❦ Rinde 8 raciones

Receta de Abigail M. Monroy S.

Pierna de puerco asada ✕

1 1/2 k   pierna de puerco
6   dientes de ajo triturados
4   limones (el jugo)
3   cucharadas de orégano
2   cucharadas de sal

❦ Sazonar la pierna con sal, ajo, jugo de limón y orégano, dejarla reposar doce horas (hacerle varios cortes previamente para que penetren los ingredientes).
❦ Hornear durante tres horas a temperatura moderada (200°C) y luego dejarla dorar.
❦ Darle vuelta para que se cueza de manera uniforme.
❦ Servirla rebanada con rodajas de cebolla, jugo de limón y bañada con su misma grasa.
❦ Rinde 8 raciones

Receta de Abigail M. Monroy S.

Estofado de lomo de cerdo ✕

3/4 k   lomo de cerdo
200 g   jitomates
200 g   tomates verdes
4   chiles chipotle en vinagre
2   aguacates
2   cebollas
1   litro de caldo
1/8   litro de crema
1   cucharada de harina
1   cucharada de manteca
·   chorizo
·   perejil
·   vinagre
·   sal y pimienta, al gusto

❦ Freír chorizo en manteca, retirar y freír ahí mismo el lomo previamente enharinado y cortado en cuadritos.
❦ Agregar jitomates y tomates verdes (picados en crudo) y cebolla licuada con dos chiles chipotle y un poco de vinagre.
❦ Añadir caldo (cuando reseque), sal y pimienta; tapar la cacerola dejar cocer la carne y que la salsa espese.
❦ Retirar del fuego, agregar crema y verter en un platón.
❦ Añadir chorizo frito y adornar con tiritas de aguacate, chipotle y perejil picado.
❦ Rinde 6 raciones

Receta de María del Rosario Luna V.

Costillas de puerco en naranja

1 k   costillas finamente cortadas
1   taza de mermelada de naranja
1/3   taza de salsa borracha
2   cucharadas de cerveza
2   cucharadas de miel
1/2   cucharada de raspadura de naranja
·   sal y pimienta, al gusto

❦ Sazonar las costillas con sal y pimienta.
❦ Mezclar mermelada, salsa borracha, cerveza, miel, raspadura de naranja y cocinar durante cinco minutos.
❦ Untar las costillas con la preparación anterior, colocarlas en un recipiente refractario, tapar y hornear durante 45 minutos aproximadamente (al final, dejarlas dorar con el recipiente destapado).
❦ Rinde 8 raciones

Receta de Abigail M. Monroy S.

Lomo con piña

1 k	lomo de puerco
200 g	tocino rebanado
100 g	azúcar mascabado
100 g	clavos de olor
100 g	mantequilla
3	dientes de ajo
2	cebollas
2	latas de piña rebanada
·	sal y pimienta, al gusto

❦ Frotar el lomo limpio con ajo y cebolla molidos, sazonar con sal y pimienta; envolver con rebanadas de tocino sujetas con clavos de olor.

❦ Untarle mantequilla y azúcar mascabado.

❦ Colocarlo en una charola y hornear hasta que dore ligeramente.

❦ Verter jugo de piña, tapar y cocer a horno suave durante hora y media (bañarlo de vez en cuando con su propio jugo).

❦ Rebanar el lomo, quitarle los clavos, servirlo con piña y la salsa colada (la piña se puede hornear junto con la carne).

❦ Rinde 6 raciones

Receta de Alicia E. Hernández V.

Cerdo en salsa verde

1 k	cerdo (cortado en trozos)
1/2 k	habas verdes (crudas)
1/2 k	papas (crudas)
1/2 k	tomates verdes
4	chiles serranos
2	dientes de ajo
1/2	cebolla
1	taza de agua
1	taza de chícharos frescos
2	cucharadas de aceite
·	sal y pimienta, al gusto

❦ Licuar tomates con ajo, chiles, cebolla y agua.

❦ Dorar los trozos de carne en aceite, agregar los ingredientes molidos, las papas (partidas a la mitad), habas y chícharos.

❦ Sazonar con sal y pimienta.

❦ Cocer en olla de presión durante cuarenta minutos.

❦ Rinde 8 raciones

Receta de María de Jesús Samaniego B.

Lomo relleno

1 k	lomo de res
1 k	jitomate cocido
1/2 k	papas
1/2 k	zanahorias
4	dientes de ajo
1	cebolla
1/2	taza de almendras
1/2	taza de pasas
·	perejil, tomillo y mejorana
·	sal y pimienta, al gusto

❦ Hacer unos cortes a la carne, introducir pasas, almendras y dientes de ajo; dorarla en tres cucharadas de aceite.

❦ Agregar agua hasta cubrirla; dejar cocer.

❦ Cocer los jitomates y licuarlos con hierbas de olor, sal, pimienta, ajo y cebolla; colar y freír.

❦ Rebanar la carne cocida, incorporar la salsa, las papas y zanahorias (cocidas y cortadas en pedazos grandes); dejar hervir un momento a fuego lento.

❦ Servir caliente con su misma salsa y adornar con hojas de lechuga.

❦ Rinde 8 raciones

Receta de Blanca Sánchez Chávez

Lomo de cerdo en salsa verde

1 k	carne de cerdo
7	chiles poblanos
6	tomates verdes
2	dientes de ajo
2	chiles jalapeños
1	rebanada de cebolla
2	cucharadas de alcaparras
1	pizca de orégano
·	mantequilla
·	sal, al gusto
·	vinagre

♥ Cocer la carne cortada en trozos y colocarla en un recipiente refractario engrasado.
♥ Licuar tomates cocidos con ajo, cebolla, orégano, alcaparras, vinagre, chile jalapeño, sal y una taza de caldo.
♥ Asar, pelar y cortar en rajas los chiles poblanos, incorporarlos a la carne junto con los ingredientes licuados.
♥ Hornear (250°C) durante veinte minutos.
♥ Rinde 6 raciones

Receta de Delia Miranda S.

Cordero al gusto

1 1/2 k	carne de cordero en rebanadas
3/4 k	jitomate
1/2 k	zanahorias
1/2 k	papas
1	cebolla grande
1/2	taza de vinagre
·	pimienta
·	cominos
·	sal, al gusto

♥ Licuar pimienta, cominos, sal y vinagre.
♥ Rebanar los jitomates y la cebolla, picar zanahorias y papas.
♥ Colocar en una olla capas de carne, jitomate, cebolla, zanahorias y papas; agregar lo que se licuó y cocer a fuego lento durante tres horas (añadir agua en caso necesario).
♥ Rinde 8 raciones

Receta de Rocío Antuna Ibarra

Ahogadoras

1/2 k	carne deshebrada
6	tomates medianos
5	huevos
2	chiles jalapeños
1	cebolla
1	diente de ajo
2	cucharadas de harina
·	aceite
·	manteca
·	sal, al gusto

♥ Cocer la carne con cebolla y sal.
♥ Batir las claras de huevo a punto de turrón, incorporar las yemas y dos cucharadas de harina; batir y agregar a la carne.
♥ Hacer tortitas de carne y huevo, freírlas en aceite caliente y pasarlas enseguida a la salsa; dejar hervir durante diez minutos y servir.
♥ Para preparar la salsa, cocer los tomates con los chiles, licuar con cebolla, un diente de ajo y sal; freír en manteca y hervir con un poco de caldo a fuego lento.
♥ Rinde 6 raciones

Receta de Isabel Victoria Mariscal Franco

Bistec en rajas

1 k	bisteces
1/4 k	cebolla
1/2 k	chile poblano limpio
1/2 k	jitomate
·	aceite
·	sal, al gusto

❦ Freír la carne en una sartén hasta que quede en su jugo; reservar y salar; en esa misma sartén, sin retirar el jugo de la carne, colocar chiles poblanos, jitomates y cebollas (picados).

❦ Cocer con un poco de agua y sal y dejar espesar.

❦ Añadir la carne, dejar hervir un poco más y servir.

❦ Rinde 8 raciones

Receta de María Martínez Rivera

Cuete en estofado

1 k	cuete
1/4 k	zanahorias
1/4 k	jitomate
1/4 k	papas amarillas (pequeñas)
75 g	tocino
2	dientes de ajo
1	cebolla
·	aceite

❦ Freír el tocino cortado en cuadritos en un poco de aceite; a medio freír, agregar la carne, zanahorias peladas, cebollas, hierbas de olor y ajo; escurrir la grasa.

❦ Añadir los jitomates picados, freír un poco y agregar agua suficiente y sal; cocer a fuego regular en un recipiente tapado.

❦ Colar la salsa y ponerla nuevamente en el fuego con las papas peladas; dejar hervir hasta que se cuezan.

❦ Colocar en un platón la carne rebanada y bañarla con la salsa, adornar con papas alrededor; servir caliente.

❦ Rinde 8 raciones

Receta de Olivia Vargas Rocha

Rollo de carne

3/4 k	carne de res molida
3	zanahorias (en cuadritos)
2	dientes de ajo picados
1	bolillo
1	huevo
1	taza de ejotes (en cuadritos)
1/2	taza de leche
·	sal y pimienta, al gusto
·	hierbas de olor

❦ Remojar el bolillo en leche.

❦ Cocer las verduras y escurrir.

❦ Mezclar la carne con el bolillo, huevo, ajo, sal y pimienta.

❦ Extenderla sobre un lienzo húmedo y colocar las verduras encima; enrollar, envolver con el lienzo y amarrar.

❦ Cocer la carne con hierbas de olor durante cuarenta minutos; enfriar, desenvolver y rebanar.

❦ Rinde 8 raciones

Receta de Abigail Magdalena Monroy S.

Cabeza de res estilo Nuevo Ideal

3/4 k	cabeza de res
100 g	masa de maíz
1/4	litro de vinagre
8	pimientas gruesas
8	zanahorias grandes
6	chiles serranos
3	dientes de ajo
2	cebollas
1	chile pasilla
1/4	cucharada de cominos
·	sal, al gusto

❧ Mezclar la masa con agua tibia y dejarla reposar quince minutos.

❧ Partir la cabeza de res en trozos pequeños, colocarlos en una olla grande de barro y añadir sal, pimienta, comino, ajo, cebolla, chile pasilla (asado, desvenado y licuado con vinagre), las zanahorias en pedazos grandes y los chiles serranos.

❧ Tapar la olla y sellarla con masa.

❧ Cocer a fuego suave en su propio jugo.

❧ Revolver lentamente, sin batir, cada media hora (el tiempo total de cocción es de dos horas aproximadamente).

❧ Rinde 12 raciones

Receta de María del Rosario Usuria González

Gusano en mole verde

1 k	gusano (cuete) de res
300 g	tomates verdes
50 g	semillas de calabaza (peladas y tostadas)
6	chiles jalapeños desvenados
4	chiles poblanos desvenados
4	hojas de lechuga
2	dientes de ajo
1/2	bolillo
1/2	cebolla
1/2	taza de crema
1	pizca de comino
·	aceite
.	cilantro
·	sal, al gusto

❧ Cocer el gusano en olla de presión con ajo, cebolla y sal, dejarlo enfriar y cortarlo en trozos pequeños.

❧ Dorar en aceite chiles poblanos, chiles jalapeños, medio bolillo y semillas de calabaza.

❧ Licuar la preparación anterior, agregar crema, tomates, lechuga, cilantro, sal, comino y ajo, colar y hervir a fuego lento; incorporar la carne cortada en trozos.

❧ Rinde 8 raciones

Receta de Margarita Gaytán Macías

Galletas, Pasteles y Postres

GALLETAS, PASTELES Y POSTRES

Al norte ya de Mesoamérica, la influencia india del maíz se deslava un poco en los panes y postres de Durango. Este recetario de su cocina familiar, por lo menos, se inclina más por la harina del trigo que por la del maíz. Con la aromática naranja nos dice, para empezar, cómo preparar unas ricas galletas o unas apetitosas bolitas cimentadas en carne ¡de zanahoria! Luego, con el apoyo de la harina del trigo, el recetario local presenta unas originales empanadas rellenas de mermelada de calabaza, en cuya preparación se emplea también una cerveza fría. La mermelada de calabaza debe ser de producción local o regional, ya que no se encuentra con frecuencia en otros lugares.

Pasas, nueces, mantequilla, leche, yemas de huevo, y harina por supuesto, son los ricos ingredientes de los "quequis" que se hornean. Es nuez también, pero sumada al dátil, sin otro acompañamiento que el de la leche y el azúcar, la base para preparar un atractivo rollo dulce, aromatizado con extracto de vainilla.

Siguen tres recetas de pasteles, tan prometedoras que hacen difícil la selección entre ellas. Se puede saborear, así, un pastel de anís, con su ralladura de naranja, en espléndida combinación; uno de chocolate, con nuez picada finamente, y el pastel de "mosaico", con pasitas, cocoa, vainilla y nuez. La capirotada, dulce mexicano tradicional, se prepara según la versión familiar duranguense con grageas, pasas, cacahuates, nueces, canela, clavo, queso y coco rallado.

Fáciles de hacer, pero pegajosos y provocativos resultan los chiclosos de leche evaporada, miel y azúcar, mientras que para cenar se nos ofrece una tarta helada de leche condensada. La fórmula, de ingredientes accesibles, está al alcance de bolsillos modestos, así como la del helado de vainilla de factura doméstica con el que termina el apartado. Estos últimos son postres sencillos, en los cuales, sin embargo, elaborados con la paciencia y el afecto de la cocina familiar, se logran sabores y delicadezas irrepetibles.

Barriga llena, corazón contento

Galletas de naranja

1 k	harina
1/2 k	mantequilla
400 g	azúcar
6	huevos
5	cucharaditas de polvo de hornear
·	raspadura de naranja

❦ Acremar mantequilla y azúcar hasta formar una masa suave, agregar huevos, harina, polvo para hornear y raspadura de naranja.
❦ Extender y cortar las galletas con moldes al gusto.
❦ Colocarlas en charolas engrasadas y hornear treinta minutos.
❦ Rinde 12 raciones

Receta de Leticia Ortiz S.

Bolitas de naranja

1 k	zanahorias peladas
1	lata de leche condensada
3/4	taza de jugo de naranja
1	cucharada de ralladura de naranja
·	azúcar

❦ Pasar las zanahorias por el extractor de jugos, exprimir el bagazo y mezclar con leche condensada, ralladura y jugo de naranja.
❦ Poner al fuego sin dejar de revolver y esperar a que espese; cuando la preparación esté seca, retirar y dejar enfriar.
❦ Formar bolitas, revolcarlas en azúcar.
❦ Colocarlas en canastitas de papel.
❦ Rinde 8 raciones

Receta de María Carolina Tinoco B.

Empanadas de trigo rellenas de calabaza

1 k	harina de trigo
1/2 k	mantequilla
1	cerveza fría
1	huevo para barnizar
·	mermelada de calabaza

❦ Mezclar mantequilla con harina con la ayuda de dos tenedores, cuando la mezcla esté arenosa, añadir la cerveza hasta unir la masa.
❦ Extender y cortar círculos; rellenarlos con mermelada, cerrar y barnizar con huevo.
❦ Cocerlas en el horno (200°C) y luego dejarlas dorar en el asador.
❦ Rinde 12 raciones

Receta de Blanca Esthela Quezada

Quequis

200 g	mantequilla
100 g	pasas y nueces
5	yemas de huevo
2	tazas de harina
1	taza de azúcar
1	taza de leche
2	cucharadas de polvo para hornear

🌱 Acremar mantequilla, añadir azúcar y enseguida los huevos; por último, harina cernida con polvo para hornear, alternados con leche.

🌱 Agregar pasas o nueces, verter la pasta en moldes de papel y colocar éstos en moldes apropiados; hornear a 150°C.

🌱 Rinde 6 raciones

Receta de Paula Salazar C. y Eleuteria López

Pastel de anís

3	huevos
2	tazas de harina
1	cucharadita de polvo para hornear
1	cucharadita de ralladura de naranja
2	tazas de azúcar morena
1	cucharada de esencia de anís
·	mantequilla
·	harina

🌱 Batir las claras de huevo a punto de turrón, agregar harina cernida con polvo para hornear, ralladura de naranja y azúcar; añadir las yemas y seguir batiendo hasta obtener una pasta uniforme.

🌱 Engrasar y enharinar un molde y verter la mezcla.

🌱 Hornear a fuego medio durante 30 minutos.

🌱 Desmoldar el pan, picarlo con un tenedor y bañarlo con miel.

🌱 Para hacer la miel, hervir dos tazas de agua, agregar una taza de azúcar y esencia de anís, revolver hasta formar una miel ligera.

🌱 Rinde 8 raciones

Receta de María de Lourdes Tinoco Berumen

Pastel de chocolate y nuez

4	huevos
1 1/2	tazas de azúcar
3	tazas de nueces
2	tazas de harina
2	tazas de leche
8	cucharadas de chocolate rallado
6	cucharadas de mantequilla
2	cucharadas de polvo para hornear
1	pizca de sal

🌱 Batir los huevos con azúcar hasta que estén esponjosos, añadir mantequilla derretida y mezclar poco a poco harina y polvo para hornear (previamente cernidos).

🌱 Añadir chocolate, nueces finamente picadas y, por último, la leche; revolver en forma envolvente.

🌱 Verter la mezcla en un molde de 30 cm de diámetro y hornear a 200°C.

🌱 Al enfriar, cubrirlo con merengue y nueces.

🌱 Rinde 8 raciones

Receta de Norma Alicia Soto de Vázquez

Pastel de mosaico

400 g	mantequilla
150 g	pasitas
150 g	nueces picadas
10	yemas de huevo
10	claras de huevo
1	lata de leche condensada
3 1/4	tazas de harina
3	cucharadas de cocoa
1	cucharada de vainilla
1	cucharada de polvo para hornear
·	mantequilla
·	harina

Jarabe

2	tazas de agua
3/4	taza de azúcar
1/2	taza de brandy

❦ Acremar mantequilla, incorporar las yemas de huevo, una por una, leche condensada y vainilla, seguir batiendo.

❦ Añadir harina cernida con polvo para hornear e incorporar en forma envolvente las claras batidas a punto de turrón.

❦ Dividir la pasta en dos partes: en una mezclar las pasitas y en la otra, cocoa y nuez.

❦ En un molde engrasado y enharinado verter cucharadas de la pasta, alternándolas.

❦ Hornear durante una hora, dejar enfriar y cubrir con jarabe (para prepararlo, calentar agua con azúcar, dejar enfriar y agregar brandy).

❦ Decorar con crema pastelera, si se desea.

❦ Rinde 10 raciones

Receta de María Alejandra López C.

Rollo de dátil y nuez

1/2 k	dátiles sin hueso
2	tazas de azúcar
2	tazas de nueces
1	taza de leche
1	cucharadita de vainilla

❦ Hervir leche con azúcar durante tres minutos.

❦ Agregar los dátiles (que se desbaraten), nueces y vainilla; dejar en la lumbre y revolver constantemente hasta ver el fondo del cazo.

❦ Dejar enfriar, hacer un rollo con ayuda de papel encerado y cortar al gusto.

❦ Rinde 8 raciones

Receta de Abigail Magdalena Monroy

Chiclosos

100 g	mantequilla
2	tazas de miel de maíz (sabor vainilla)
1	taza de azúcar
1	lata de leche evaporada

❦ Hervir azúcar y miel hasta que la mezcla se transparente.

❦ Añadir poco a poco mantequilla y leche para que no deje de hervir.

❦ Conservar el dulce en el fuego hasta que, al dejar caer unas gotas en agua fría, éstas no se deshagan.

❦ Dejar enfriar un poco y formar los chiclosos al gusto.

❦ Rinde 8 raciones

Receta de Norma A. Soto de Vázquez

Capirotada

1/2 k	piloncillo
200 g	queso rallado
200 g	cacahuates
200 g	coco rallado
200 g	nueces
100 g	grageas
100 g	pasas
5	piezas de pan blanco
4	clavos de olor
2	tazas de agua
1	raja de canela

❧ Hervir piloncillo con agua, canela y clavo hasta obtener una miel ligera; rebanar el pan y meterlo al horno a dorar suavemente.
❧ Colocar en un recipiente refractario capas sucesivas de pan y de los demás ingredientes (procurar que la última capa sea de pasas, cacahuates, nueces, grageas, coco y queso).
❧ Verter miel hasta humedecer el pan.
❧ Hornear durante 10 o 15 minutos.
❧ Rinde 8 raciones

Receta de María Dolores Saldaña Gallegos

Tarta helada de leche condensada

1/4 k	mantequilla derretida
1/4	litro de crema
2	paquetes de galletas Marías
1	barrita de mantequilla
1	copa de ron
1	huevo
1	lata de leche condensada
2	cucharadas de vainilla
.	mermelada de fresa

❧ Forrar un molde con la mitad de la mezcla de galletas y mantequilla.
❧ Batir mantequilla, añadir en forma alternada crema y leche condensada; por último, agregar el huevo, ron y vainilla.
❧ Añadir la otra mitad de galletas y mantequilla, adornar con mermelada y meter al congelador durante tres horas.
❧ Rinde 8 raciones

Receta de Abigail M. Monroy S.

Helado de vainilla

1	lata de leche condensada
1/2	taza de crema dulce
1/2	taza de leche
2	huevos
2	cucharadas de esencia de vainilla

❧ Licuar todos los ingredientes, verter en un recipiente extendido y congelar durante seis horas.
❧ Batir la mezcla una hora antes de servir.
❧ Rinde 6 raciones

Receta de María Carolina Tinoco B.

De Cocina y Algo Más

DE COCINA Y ALGO MÁS

FESTIVIDADES

LUGAR Y FECHA	CELEBRACIÓN	PLATILLOS REGIONALES
DURANGO (Capital del Estado) *Julio 4*	**Nuestra Señora del Refugio** Patrona del mercado; fiesta en su honor que se celebra con música, danzas de Matachines y juegos pirotécnicos	✑ Caldillo durangueño, puchero, cortadillo norteño, cabeza de res a la olla, fritada de cabrito, gallina rellena con calabaza, tamales de cerdo, venado, res y liebre, machaca, cecina enchilada, quelites y nopales en verde, tortillas de harina. ✑ Helados, bigotes de Pancho, mostachones, dulces de leche, jalea de membrillo. ✑ Mezcal, pulque, atoles y aguas frescas de horchata, limón y chía.
Julio 8	**Fundación de la Ciudad** Serie de festejos que coinciden con la celebración de una feria popular.	✑ Cabeza de res a la olla, trozos de filete cocidos en un caldo de tomate con chile, menudo, cabrito al horno, machaca, cecina enchilada o adobada, asado de venado, gallinas borrachas, queso fundido con chorizo, barbacoa de oveja y guajolote, tortillas de harina. ✑ Puchas, dulces de pasta de almendra, postre de guayaba, gorditas de cuajada, jalea de membrillo y mostachones. ✑ Mezcal, pulque, atoles, café con piloncillo, aguamiel y aguas frescas.
Diciembre 12	**Virgen de Guadalupe** Feria popular con música, danzas y fuegos artificiales.	✑ Cortes de res, carnero, lentejas con chorizo, cabrito en fritada, enchilado, al horno o en barbacoa, asado de venado, enchiladas de leche, cabeza de res a la olla, tamales de venado, cerdo, res o liebre, quelites, maíz reventón, tortillas de harina. ✑ Bigotes de Pancho, puchas, tamales de nata, gorditas de cuajada, dulces de pasta de almendra, jalea de membrillo y mostachones. ✑ Chocolate, café de olla, atole dulce, mezcal, aguamiel, pulque y aguas frescas de limón, chía y horchata.
CANATLÁN *Septiembre 13*	**Feria Regional de la Manzana** Se celebra con bailes; concluye el día 16.	✑ Cabrito al horno, caldillo durangueño, nopales con puerco, queso fundido con chorizo, quelites, machaca, cecina enchilada, maíz reventón, tamales de venado, res, cerdo y liebre, barbacoa, gallina rellena de calabaza, tortillas de harina. ✑ Bigotes de Pancho bañados con mermelada, jalea de membrillo, dulces de nuez y de pasta de almendra, tamales de nata, gorditas de cuajada. ✑ Pulque, mezcal, atole, chocolate, aguas frescas, café y aguamiel.
EL PALMITO *Diciembre 12*	**Nuestra Señora de Guadalupe** Festividades religiosas que inician con danzas tradicionales.	✑ Carnitas con salsa de chile perrillo, caldillo durangueño, machaca, carne roja con ensalada de lechuga, quelites, hongos y tomate, puchero, cabrito al horno y en fritada, cecina adobada y enchilada, maíz reventón, tamales de venado, nopales en verde y marmita de cerdo, tortillas de harina.

~ Jalea de membrillo, tamales de nata, gorditas de cuajada, bigotes de Pancho, nueces y dulces de pasta de almendra.
~ Aguas frescas de horchata, limón y chía, mezcal, pulque, aguamiel, atole, dulce, chocolate y café con piloncillo.

GÓMEZ PALACIO *Mayo 3*	**La Santa Cruz** Feria en la que se presentan actos culturales, exposiciones agrícolas e industriales y espectáculos diversos.	~ Marmita de cerdo, barbacoa de liebre, venado o guajolote, nopales en verde, maíz reventón, machaca, asado de venado, quelites, patoles con chorizo, caldillo durangueño, cecina adobada, cabeza de res a la olla, carne de res asada o frita, cabrito al horno, tortillas de harina, gallina rellena con calabaza. ~ Gorditas de cuajada, tamales de nata, nueces, dulces de leche, almendra y nuez, jalea de membrillo y mostachones. ~ Pulque, mezcal, cerveza, aguamiel, fermentados de frutas, atoles y aguas frescas.
RODEO *Mayo 15*	**San Isidro Labrador** Fiesta patronal que se celebra con danzas de los Matachines y una feria.	~ Manchamanteles, cortadillo norteño con tortillas de harina y salsa, lomo de puerco en miel de maguey, caldillo durangueño, barbacoa de liebre, oveja o guajolote, gallinas borrachas o rellenas de calabaza, machaca, cecina enchilada, fritada de cabrito, tamales, nopales con diversos chiles asados, molidos o enteros, maíz reventón, quelites. ~ Bigotes de Pancho, nueces, jalea de membrillo, helados, gorditas de cuajada y tamales endulzados con miel de maguey. ~ Fermentados de frutas, aguamiel, pinole endulzado con miel de abeja, mezcal, pulque, chocolate, café y aguas frescas.
ROSARIO *Octubre 7*	**Virgen del Rosario** Fiesta religiosa, peregrinaciones, música, danzas de los Matachines y los Aztecas y juegos pirotécnicos.	~ Nopales con puerco o en verde, caldillo durangueño, cabeza de res a la olla, tamales en chile verde, maíz reventón, machaca, puchero, lentejas con chorizo, carnero, cabrito en barbacoa, enchilado o al horno, asado de venado, tortillas de harina y salsas varias. ~ Dulces almendrados y de nuez, bigotes de Pancho bañados con mermelada de piña o de higo, puchas, mostachones, cajetas. ~ Aguamiel, aguas de horchata, limón y chía, atole dulce, café, chocolate, pulque, mezcal y pinole.
SAN JUAN EL RÍO *Septiembre 8*	**Nuestra Señora de los Remedios** Danzas indígenas, sobre todo la de los Matachines, cuyos ejecutantes visten atuendos típicos.	~ Tamales de cerdo, venado, res y liebre, puchero, nopales con diversos chiles, asados, enteros o molidos, aves fritas en mantequilla sazonadas con cebolla y ajo, cecina enchilada y adobada, carnero, queso fundido con chorizo, enchiladas de leche, caldillo durangueño. ~ Gorditas de cuajada, tamales de nata endulzados con miel de maguey, bigotes de Pancho, puchas, nueces, dulces de pasta de almendra y de leche, cajetas y helados. ~ Fermentados de frutas, atole dulce, pulque, mezcal, aguamiel, aguas frescas, café y chocolate.

VICENTE GUERRERO
Junio 13

San Antonio de Padua
Dos grupos de Matachines bailan frente a la iglesia con vistosos atuendos. Llevan plumas y flechas, lo que los distingue de otros grupos de danzantes.

~ Pucheros, cortadillo norteño, nopales con puerco, carne con ensalada de hongos, tomate, quelite y lechuga, tamales de cerdo, venado y res, fritada de cabrito, cabeza de res a la olla, carnitas, queso fundido con chorizo, carne de res asada o frita.

~ Puchas, bigotes de Pancho endulzados con mermelada, helados, gorditas de cuajada, jalea de membrillo y dulces de pasta de almendra.

~ Pinole endulzado con miel de abeja, aguas frescas de chía, limón y horchata, aguamiel, pulque, mezcal y fermentados de frutas.

NUTRIMENTOS Y CALORÍAS

REQUERIMIENTOS DIARIOS DE NUTRIMENTOS (NIÑOS Y JÓVENES)

Nutrimento	Menor de 1 año	1-3 años	3-6 años	6-9 años	9-12 años	12-15 años	15-18 años
Proteínas	2.5 g/k	35 g	55 g	65 g	75 g	75 g	85 g
Grasas	3-4 g/k	34 g	53 g	68 g	80 g	95 g	100 g
Carbohidratos	12-14 g/k	125 g	175 g	225 g	350 g	350 g	450 g
Agua	125-150 ml/k	125 ml/k	125 ml/k	100 ml/k	2-3 litros	2-3 litros	2-3 litros
Calcio	800 mg	1 g	1 g	1 g	1 g	1 g	1 g
Hierro	10-15 mg	15 mg	10 mg	12 mg	15 mg	15 mg	12 mg
Fósforo	1.5 g	1.0 g	1.0 g	1.0 g	1.0 g	1.0 g	0.75 g
Yodo	0.002 mg/k	0.002 mg/k	0.002 mg/k	0.002 mg/k	0.02 mg/k	0.1 mg	0.1 mg
Vitamina A	1500 UI	2000 UI	2500 UI	3500 UI	4500 UI	5000 UI	6000 UI
Vitamina B-1	0.4 mg	0.6 mg	0-8 mg	1.0 mg	1.5 mg	1.5 mg	1.5 mg
Vitamina B-2	0.6 mg	0.9 mg	1.4 mg	1.5 mg	1.8 mg	1.8 mg	1.8 mg
Vitamina C	30 mg	40 mg	50 mg	60 mg	70 mg	80 mg	75 mg
Vitamina D	480 UI	400 UI	400 UI	400 UI	400 UI	400 UI	400 UI

REQUERIMIENTOS DIARIOS DE NUTRIMENTOS (ADULTOS)

Proteínas	1	g/k
Grasas	100	g
Carbohidratos	500	g
Agua	2	litros
Calcio	1	g
Hierro	12	mg
Fósforo	0.75	mg
Yodo	0.1	mg
Vitamina A	6000	UI
Vitamina B-1	1.5	mg
Vitamina B-2	1.8	mg
Vitamina C	75	mg
Vitamina D	400	UI

REQUERIMIENTOS DIARIOS DE CALORÍAS (NIÑOS Y ADULTOS)

		Calorías diarias
Niños	12-14 años	2800 a 3000
	10-12 años	2300 a 2800
	8-10 años	2000 a 2300
	6-8 años	1700 a 2000
	3-6 años	1400 a 1700
	2-3 años	1100 a 1400
	1-2 años	900 a 1100
Adolescentes	Mujer de 14-18 años	2800 a 3000
	Hombres de 14-18 años	3000 a 3400
Mujeres	Trabajo activo	2800 a 3000
	Trabajo doméstico	2600 a 3000
Hombres	Trabajo pesado	3500 a 4500
	Trabajo moderado	3000 a 3500
	Trabajo liviano	2600 a 3000

EQUIVALENCIAS

EQUIVALENCIAS EN MEDIDAS

1	taza de azúcar granulada	250	g
1	taza de azúcar pulverizada	170	g
1	taza de manteca o mantequilla	180	g
1	taza de harina o maizena	120	g
1	taza de pasas o dátiles	150	g
1	taza de nueces	115	g
1	taza de claras	9	claras
1	taza de yemas	14	yemas
1	taza	240	ml

EQUIVALENCIAS EN CUCHARADAS SOPERAS

4	cucharadas de mantequilla sólida	56	g
2	cucharadas de azúcar granulada	25	g
4	cucharadas de harina	30	g
4	cucharadas de café molido	28	g
10	cucharadas de azúcar granulada	125	g
8	cucharadas de azúcar pulverizada	85	g

EQUIVALENCIAS EN MEDIDAS ANTIGUAS

1	cuartillo	2	tazas
1	doble	2	litros
1	onza	28	g
1	libra americana	454	g
1	libra española	460	g
1	pilón	cantidad que se toma con cuatro dedos	

TEMPERATURA DE HORNO EN GRADOS CENTÍGRADOS

Tipo de calor	Grados	Cocimiento
Muy suave	110°	merengues
Suave	170°	pasteles grandes
Moderado	210°	soufflé, galletas
Fuerte	230°-250°	tartaletas, pastelitos
Muy fuerte	250°-300°	hojaldre

TEMPERATURA DE HORNO EN GRADOS FAHRENHEIT

Suave	350°
Moderado	400°
Fuerte	475°
Muy fuerte	550°

GLOSARIO

Cazón. Pez de mares cálidos y la cría de una especie de tiburón que abunda en Veracruz y Yucatán. La carne es nutritiva, sabrosa y delicada si proviene de pescado tierno.

Cecina. Carne salada o ahumada para que se conserve largo tiempo.

Cuitlacoche (huitlacoche). Hongo parásito que invade las mazorcas del maíz; comestible sabroso, cocido o guisado.

Chile de árbol. Fruto de un arbusto de la familia de las solanáceas. Un poco más largo que el chile serrano y más picoso. Seco adquiere color rojo sepia. Se utiliza para preparar salsa de molcajete.

Chipotle (chile). Chile seco de color sepia, en tono claro u oscuro. Es, en realidad, el chile jalapeño o cuaresmeño seco y ahumado, preparado en vinagre o con diversos adobos.

Huazontles (huauzoncle). Verdura de la familia de las quenopodiáceas. Se aprovechan las hojas y las flores aún tiernas. Los huazontles puestos a secar se conservan hasta un año. Se remojan previamente para utilizarlos.

Machaca. Carne de res, salada y puesta a secar al sol en grandes trozos, de los cuales se cortan pedazos que se golpean en el metate para suavizarlos y deshebrarlos.

Mezcal. Nombre de diversas especies de maguey y bebida alcohólica que se obtiene de la destilación del jugo que se extrae de las cabezas o piñas de esos agaves.

Piloncillo (panela). Panes de azúcar oscura (mascabado sin purificar) en forma de cono truncado o cucurucho.

Pinole (pinol). Harina o polvo de maíz tostado. Se suele endulzar con piloncillo y mezclar con cacao, canela, anís, achiote, etc. Se toma solo o disuelto en agua, en frío o caliente.

Pipián (pepián). Aderezo que se prepara con salsa de pepitas de calabaza, molidas y tostadas.

Pulque. Bebida alcohólica (ritual en época prehispánica), blanca y espesa, que se obtiene por fermentación del jugo del maguey o aguamiel. Se llama pulque curado al que se mezcla con jugo de frutas o vegetales.

Esta obra fue impresa en el mes de septiembre de 2001
en los talleres de Litográfica Ingramex, S.A. de C.V.,
que se localizan en la calle de Centeno 162,
colonia Granjas Esmeralda, en la ciudad de México, D.F.
La encuadernación de los ejemplares se hizo
en los talleres de Dinámica de Acabado Editorial, S.A. de C.V.,
que se localizan en la calle de Centeno 4-B,
colonia Granjas Esmeralda, en la ciudad de México, D.F.